LESSON 1

5年の復習 ①

正解 18問中 　問／合格15問

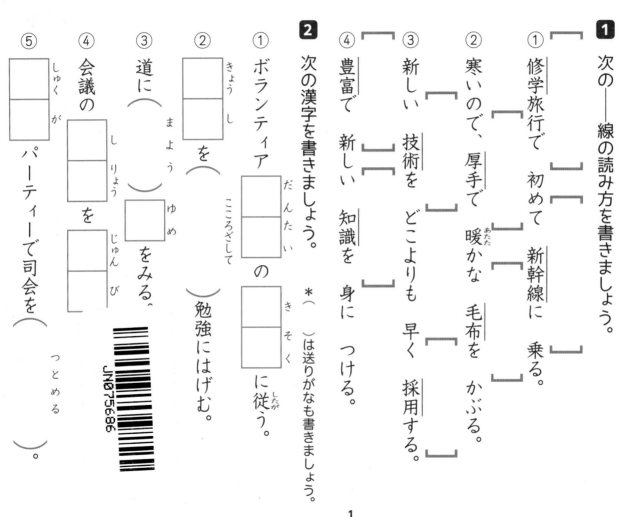

1 次の――線の読み方を書きましょう。

① <u>修学旅行</u>で［　　］ 初めて <u>新幹線</u>に［　　］ 乗る。

② 寒いので、 <u>厚手</u>で［　　］ 暖(あたた)かな <u>毛布</u>を［　　］ かぶる。

③ 新しい <u>技術</u>を［　　］ どこよりも 早く <u>採用</u>する。［　　］

④ <u>豊富</u>で［　　］ 新しい <u>知識</u>を［　　］ 身に つける。

2 次の漢字を書きましょう。 ＊（　）は送りがなも書きましょう。

① ボランティア□□(だんたい)の□□(きそく)に従(したが)う。

② □□(きょうし)を（　　）(こころざして)勉強にはげむ。

③ 道に（　　）(まよう)□(ゆめ)をみる。

④ 会議の□□(しりょう)を□□(じゅんび)

⑤ □□(しゅくが)パーティーで司会を（　　）(つとめる)。

答えは89ページ

LESSON 2

5年の復習 ②

1 次の——線の読み方を書きましょう。

① 国際的〔　　〕に　意義の　ある　条約〔　　〕を　結ぶ。

② 祖父〔　　〕が　残した　財産〔　　〕を　受けつぐ。

③ 防災訓練〔　　〕で　指導者〔　　〕と　して　活動する。

④ 貿易会社〔　　〕を　経営〔　　〕する。

2 次の漢字を書きましょう。

① 算数の □□（おうよう） 問題を（　　）（とく）。

② □□□（かんそく） の結果を □□（ほうこく） する。

③ □□□（おおぜい） の客が入り口に（　　）（むらがる）。

④ □□□（かんしゃ） の手紙が（　　）（よせられる）。

⑤ □□□（いちじげん） 目は □□（どうとく） だ。

2 ①の「とく」は，「説く」ではないよ。

正解 18問中　　問　合格15問

月　　日

LESSON 3

5年の復習③

正解 18問中 問 合格15問

1 次の――線の読み方を書きましょう。

① 評判［　　］以上に　よい　製品［　　］だ。

② かれは　精力的［　　］に　行動する　政治家［　　］だ。

③ 授業中［　　］に　手を　挙げて　質問［　　］する。

④ 出版社［　　］で　若（わか）い　編集者［　　］と　会う。

2 次の漢字を書きましょう。

① □□（ふくざつ）な□□□（しんきょう）を明かす。

② 人気の役を（ふたたび）□（えん）じる。

③ この土地は□□（のうこう）に□（てき）している。

④ 古い□□（こうしゃ）を□□（かいちく）する。

⑤ □□（じゅんじょ）立てて考えを（のべる）。

答えは89ページ

LESSON 4

5年の復習 ④

正解 18問中 問 合格15問 月 日

1 次の――線の読み方を書きましょう。

① 身の潔白を何とか証明する。 [　　] [　　]

② 大統領をしっかり護衛する。 [　　] [　　]

③ このやり方は非常に効率が悪い。 [　　] [　　]

④ 部下の提案に、みんなが賛成する。 [　　] [　　]

2 次の漢字を書きましょう。

① 物が（もえる）には□□（さんそ）が必要だ。

② （ひさしぶり）に□□（きゅうゆう）と会う。

③ □□（じこ）の□□（げんいん）を調べる。

④ □□□（へいきんてん）と（くらべる）。

⑤ □（さくら）の□（えだ）を折ってはいけない。

LESSON 5

5年の復習 ⑤

1 次の――線の読み方を書きましょう。

① 保育士になるための資格を取得する。
［　　　］［　　　］

② 過去におかした罪をつぐなう。
［　　　］［　　　］

③ 輸出量が急激（きゅうげき）に減少する。
［　　　］［　　　］

④ 逆転ホームランで快勝した。
［　　　］［　　　］

2 次の漢字を書きましょう。

① 生き物は □□（せきにん）をもって（かおう）。

② 長女の顔は □（つま）に（にて）いる。

③ 秘密（ひみつ）□□（きち）まで自転車で □□（おうふく）する。

④ 相手の話に □□（きょうみ）を（しめす）。

⑤ □□（ぶつぞう）のやさしい □□（ひょうじょう）。

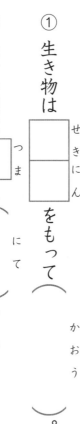

正解　　問 ／ 18問中　合格15問

答えは89ページ

LESSON 6

5年の復習 ⑥

正解 18問中 問 合格15問

月 日

1 次の――線の読み方を書きましょう。

① 武士[ ]に よる 支配[ ]が 長く 続く。

② 実現[ ]できる 可能性[ ]を 話し合う。

③ 暴風雨[ ]が、この 町にも 接近[ ]して いる。

④ 講義[ ]で 話される 内容[ ]は 難(むずか)しい。

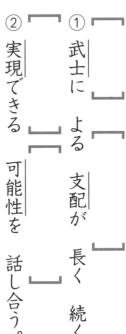

2 次の漢字を書きましょう。

① 市外に □□(しんきょ)を（かまえる）。

② □□(ざいこ)があるか（たしかめる）。

③ □□(がんか)で視力(しりょく)□□(けんさ)をしてもらう。

④ 交差点に □□(おうだん)歩道を（もうける）。

⑤ □□(じけん)の□□(はんにん)がつかまる。

LESSON 7

漢字を読もう

誤・詞・誌・諸・誠・誕

①答えを誤る。［　　］

②誤字を見つける。［　　］

③歌詞を覚える。［　　］

④かれは有名な作詞家だ。［　　］

⑤学級日誌をつける。［　　］

⑥雑誌を出版する。［　　］

⑦諸問題を解決する。［　　］

⑧アジア諸国を旅する。［　　］

⑨忠（ちゅう）誠をちかう。［　　］

⑩誠意を示す。［　　］

⑪今日は母の誕生日だ。［　　］

⑫生誕百周年のお祝い。［　　］

正解　12問中　問　合格10問

チェックポイント

「言」（ごんべん）は、言葉や言葉をともなう動作に関係があることを表します。

「詞」と「誌」のちがい
・詞…言葉の集まりを表す。
・誌…書き記したものを表す。

答えは89ページ

LESSON 8

漢字を書こう

正解 14問中　　問／合格11問　　月　日

① □□（ごかい）を招く。

② ハワイ□□（しょとう）。

③ □□□（しゅうかんし）を読む。

④ 判断を（　　）（あやまる）。

⑤ □□□□（せいしんせいい）。

⑥ □□□（たんじょうび）会。

⑦ （　　）（あやまり）を正す。

⑧ 生徒□□（しょくん）。

⑨ □□（さくし）を手がける。

⑩ □□□（じょうほうし）を買う。

⑪ 新内閣（ないかく）の□□（たんじょう）。

⑫ わずかな□□（ごさ）。

⑬ 曲に□（し）をつける。

⑭ □□（せいじつ）な人。

LESSON 9

漢字を読もう 討・認・訪・訳・論・異

正解 12問中　　問 ／ 合格 10問

① 敵軍（てきぐん）を追討する。［　　］

② 検討を重ねる。［　　］

③ あやまちを認める。［　　］

④ 認め印をおす。［　　］

⑤ 友人の家を訪ねる。［　　］

⑥ 家庭訪問を行う。［　　］

⑦ けんかの訳を説明する。［　　］

⑧ 会議で通訳を務める。［　　］

⑨ 論文を発表する。［　　］

⑩ 姉と口論になる。［　　］

⑪ 種類が異なる。［　　］

⑫ この夏は異常な暑さだ。［　　］

チェックポイント

「認」の十画目を書き忘れ（わす）ないようにしましょう。

認　忘れない

⑫「異常」の反対語は、「正常」です。

答えは89ページ

LESSON 10

漢字を書こう

正解 14問中 問 合格11問

月 日

① [こと]なる文化。

② 大統領の[ほうにち]。

③ [とうろん]する。

④ [うちわけ]を調べる。

⑤ 家を（ たずねる ）。

⑥ [ろんりてき]。

⑦ [とうぎかい]。

⑧ 小説の[えいやく]。

⑨ 各国を[れきほう]する。

⑩ [けつろん]を出す。

⑪ フランス語を[やく]す。

⑫ [いこく]の文化。

⑬ 力を（ みとめる ）。

⑭ 申し[わけ]ない。

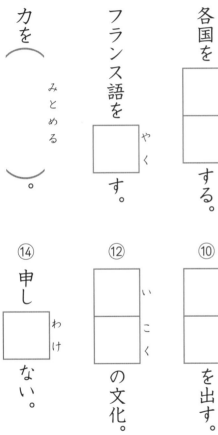

LESSON 11

漢字を読もう

若・蒸・蔵・著・座・庁

正解　　問／12問中
合格10問

①　若者向けの雑誌。［　　　］

②　祖母は気が若い。［　　　］

③　水が蒸発する。［　　　］

④　蒸気が立ち上る。［　　　］

⑤　土蔵が並（なら）ぶ。［　　　］

⑥　図書館の蔵書を調べる。［　　　］

⑦　名著として知られる。［　　　］

⑧　多くの著書を残す。［　　　］

⑨　正座して話を聞く。［　　　］

⑩　座席を予約する。［　　　］

⑪　県庁を見学する。［　　　］

⑫　文化庁の芸術祭。［　　　］

チェックポイント

「若」「蒸」「蔵」「著」の部首の「艹」（くさかんむり）は、草花に関係することを表します。

「蒸」の九画目を書き忘（わす）れないようにしましょう。

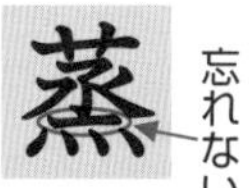

答えは90ページ

LESSON 12

漢字を書こう

① □□□（ざだんかい）を開く。

② □□（わかば）の季節。

③ 食品を□□（ちょぞう）する。

④ □□（ちょめい）な画家。

⑤ □□（ちょうしゃ）が完成する。

⑥ （わかい）男性。

⑦ □□（じょうき）機関車。

⑧ □□（ちょしゃ）を訪ねる。

⑨ オリオン□（ざ）。

⑩ □□□（れいぞうこ）。

⑪ □□（わかぎ）を植える。

⑫ □□□（きしょうちょう）。

⑬ □□□（じょうりゅうすい）。

⑭ □□（ざこう）を測る。

正解 14問中 問／合格 11問

月 日

漢字を読もう

箇・筋・策・鋼・針・銭

正解 12問中 問 合格10問

① 手続きを箇略にする。［　　］

② 往復書簡をかわす。［　　］

③ 筋道を立てて話す。［　　］

④ 筋力をつける。［　　］

⑤ 策略をめぐらす。［　　］

⑥ 政策を進める。［　　］

⑦ 工場から鋼材を運ぶ。［　　］

⑧ 鋼鉄のような意志。［　　］

⑨ 針の穴(あな)に糸を通す。［　　］

⑩ 経営方針を定める。［　　］

⑪ つり銭を受け取る。［　　］

⑫ 古銭を集める。［　　］

チェックポイント

「策」の下の部分は、「東」や「東」ではなく「朿」です。

「鋼」「針」「銭」の部首の「金」(かねへん)は、金属に関係があることを表します。

答えは90ページ

LESSON 14

漢字を書こう

①時計の［びょうしん］。

②全身の［きんにく］。

③［たいさく］を立てる。

④［かんけつ］に話す。

⑤［せいこう］所で働く。

⑥［きんせん］トラブル。

⑦あら［すじ］を紹介（しょうかい）する。

⑧ガスの［けんしん］。

⑨［かんたん］な問題。

⑩［さく］を練る。

⑪布に［はり］をさす。

⑫［せんとう］に通う。

⑬野山を［さんさく］する。

⑭［てっこう］の町。

正解 14問中 問 合格11問

月 日

LESSON 15

漢字を読もう

絹・紅・縦・縮・純・納

正解 12問中 問 合格10問

①絹糸でししゅうをする。［　］

②絹の布を染(そ)める。［　］

③口紅をつける。［　］

④紅白にわかれて戦う。［　］

⑤首を縦にふる。［　］

⑥道路が縦横に走る。［　］

⑦セーターが縮む。［　］

⑧画像を縮小する。［　］

⑨不純物を取り除(のぞ)く。［　］

⑩単純に考える。［　］

⑪注文の品を納める。［　］

⑫仕事の納期を守る。［　］

チェックポイント

「糸」（いとへん）は、糸や織物に関係があることを表します。

⑪注文の品を納める（差し出す）
・国を治める（しずめる）
・学問を修める（身につける）

答えは90ページ

LESSON 16

漢字を書こう

① □□（じゅんじょう）な青年。

② □□（たてせん）を引く。

③ 期日に□□（のうひん）する。

④ 美しい□□（こうよう）。

⑤ □□□（きぬおりもの）。

⑥ □□（たんしゅく）授業。

⑦ 日本□□（じゅうだん）の旅。

⑧ 税を（おさめる）。

⑨ □□（こうちゃ）を飲む。

⑩ 社会の□□（しゅくず）。

⑪ □（きぬ）のハンカチ。

⑫ □□（じゅんきん）の指輪。

⑬ 身の（ちぢむ）思い。

⑭ □□（べにいろ）の花。

正解 14問中 ＿問 合格11問

月 日

LESSON 17

まとめテスト①

1 次の――線の読み方を書きましょう。

① 簡単［　　］な運動［　　］で筋力［　　］をつける。

② 著名［　　］な人の誕生日［　　］を調べる。

③ 計画［　　］の方針［　　］について検討［　　］する。

④ 銭湯［　　］の鏡が水蒸気［　　］でくもる。

2 次の漢字を書きましょう。

① 見知らぬ□□（わかもの）が（たずねて）きた。

② いさぎよく（あやまり）を（みとめる）。

③ ヨーロッパ□□（しょこく）を□□（じゅうだん）する。

④ 英語の□□（かし）を日本語に□（やく）す。

⑤ お□□（じぞう）さんの顔はそれぞれ□（こと）なる。

1④の「銭湯」は，「湯」の読み方に気をつけよう。

正解 18問中 問 合格15問

答えは90ページ

LESSON 18

まとめテスト ②

正解 18問中　問　合格15問　月　日

1 次の――線の読み方を書きましょう。

① かれは純真で［　　］何事にも誠実な［　　］人だ。

② 新派（しんぱ）の［　　］誕生を［　　］ひそかに画策する。［　　］

③ 縦の［　　］長さを半分に縮小する。［　　］

④ 諸問題に［　　］ついて、みんなで議論する。［　　］

2 次の漢字を書きましょう。

① □□（こうざい）を取引先に（おさめる）。

② □□（ちょしゃ）の記事が□□（ざっし）にのる。

③ 有名人が□□（けんちょう）を□□（らいほう）する。

④ □□（きぬじ）を□□（べにいろ）に染（そ）める。

⑤ （わかい）人が□□（ざせき）をゆずる。

LESSON 19

漢字を読もう

供・傷・仁・値・俳・俵

正解 12問中　問　合格 10問

① 仏前に花を供える。［　］

② 電力を供給する。［　］

③ 傷の手当てをする。［　］

④ 感傷的な気分になる。［　］

⑤ 仁徳あふれる行い。［　］

⑥ 医は仁術なり。［　］

⑦ 古本に高値がつく。［　］

⑧ 数値を記録する。［　］

⑨ 俳優（ゆう）になりたい。［　］

⑩ 芭蕉（ばしょう）は有名な俳人だ。［　］

⑪ 炭を俵につめる。［　］

⑫ 米一俵を軽々と背負（せお）う。［　］

チェックポイント

「亻」（にんべん）は、人の様子や行動に関係があることを表します。

「供」と「共」のちがい
・供…ささげる・あたえる
・共…いっしょに・ともに

答えは90ページ

LESSON 20

漢字を書こう

① □□（どひょう）を割（わ）る。

② □□（じんぎ）を守る。

③ 建物の□（ね）が上がる。

④ 心が□（きず）つく。

⑤ □□（しょうがい）事件。

⑥ 墓に（　　　）（そなえる）花。

⑦ 同じ□□□（かちかん）。

⑧ 偉大（いだい）な□□（はいじん）。

⑨ 犯行動機の□□（きょうじゅつ）。

⑩ □□（こめだわら）を積む。

⑪ 事故で□□（ふしょう）する。

⑫ □□（じんあい）の精神。

⑬ 父のお□（とも）をする。

⑭ □□（はいく）をよむ。

正解 14問中 ＿問 ／ 合格 11問

月　日

LESSON 21

漢字を読もう

優・従・律・映・暖・晩

正解 12問中 問 合格10問

① あこがれの声優。［　　　］

② 全国大会で優勝する。［　　　］

③ 先生の指示に従う。［　　　］

④ 農作業に従事する。［　　　］

⑤ 大学で法律を学ぶ。［　　　］

⑥ 規律正しい生活。［　　　］

⑦ 鏡に姿（すがた）を映す。［　　　］

⑧ 話題の映画を鑑賞（かんしょう）する。［　　　］

⑨ 暖かい部屋。［　　　］

⑩ 寒暖の差が激（はげ）しい。［　　　］

⑪ 晩ご飯の支度（したく）をする。［　　　］

⑫ 幸せな晩年を過ごす。［　　　］

チェックポイント

「映」「暖」「晩」の部首の「日」（ひへん）は、太陽（日）に関係があることを表します。

⑨「暖かい」と「温かい」のちがい
・暖かい…気温・天候・色
・温かい…ものの温度・心理

答えは90ページ

LESSON 22

漢字を書こう

① □□（ゆうい）に立つ。

② 規則に（したがう）。

③ □□（あさばん）のあいさつ。

④ □□□（ほうりつか）。

⑤ □□□（ゆうせんせき）。

⑥ テレビに（うつる）。

⑦ □□（じゅうじゅん）な態度。

⑧ 試合は□□（ゆうせい）だ。

⑨ （あたたかい）地方。

⑩ □□（さくばん）の夢。

⑪ 店の□□□（じゅうぎょういん）。

⑫ ピアノの□□（ちょうりつ）。

⑬ □□（えいぞう）を流す。

⑭ 今年は□□（だんとう）だ。

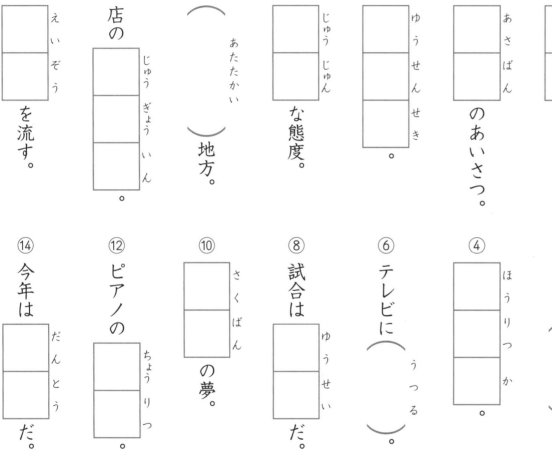

正解 14問中 ＿問　合格11問
＿月＿日

LESSON 23

漢字を読もう

宇・宗・宣・宅・宙・宝

正解 12問中 問 合格10問

① 宇治茶を飲む。［　　　］

② 宇宙船が飛来する。［　　　］

③ 宗教の歴史を知る。［　　　］

④ キリスト教に改宗する。［　　　］

⑤ 開会を宣言する。［　　　］

⑥ 無罪を宣告する。［　　　］

⑦ 先生のお宅を訪ねる。［　　　］

⑧ 学校から帰宅する。［　　　］

⑨ 宙返りをする。［　　　］

⑩ ふわりと宙にうく。［　　　］

⑪ 宝くじを買う。［　　　］

⑫ 宝石のようなかがやき。［　　　］

チェックポイント

「宀」（うかんむり）は、家に関係があることを表します。

「宙」の下の部分は、「田」ではなく「由」です。

答えは91ページ

LESSON 24

漢字を書こう

正解14問中　合格11問　問　月　日

① □□（たからばこ）を開ける。

② □□□（たくはいびん）。

③ □□（うちゅう）飛行士。

④ 仏教の□（しゅう）派（は）。

⑤ 番組の□□（せんでん）。

⑥ □□（こくほう）の仏像。

⑦ 木造の□□（じゅうたく）。

⑧ 足が□（ちゅう）にうく。

⑨ □（たから）の山を探（さが）す。

⑩ □□□（せんきょうし）。

⑪ □□□（しゅうきょうが）をかく。

⑫ □□（じたく）に近い。

⑬ □□（せんせん）布告。

⑭ 知識の□□（ほうこ）。

LESSON 25

漢字を読もう

密・射・将・寸・専・尊

正解 12問中 ＿問 ／ 合格 10問

月 日

① <u>精密</u>検査を受ける。 [　　]

② 人口<u>密度</u>が高い地域（ちいき）。 [　　]

③ 矢で的を<u>射</u>る。 [　　]

④ 日差しが水に<u>反射</u>する。 [　　]

⑤ <u>将来</u>を期待する。 [　　]

⑥ 野球部の<u>主将</u>になる。 [　　]

⑦ 道路が<u>寸断</u>される。 [　　]

⑧ <u>原寸大</u>の写真。 [　　]

⑨ 学業に<u>専念</u>する。 [　　]

⑩ 部屋を<u>専有</u>する。 [　　]

⑪ <u>尊</u>い命を守る。 [　　]

⑫ <u>尊大</u>な口調で命じる。 [　　]

チェックポイント

「将」の筆順は、「丨→丬→丬→丬→丬→丬→丬→将→将」です。

「寸」は、「わずか」という意味をもつ漢字で、一寸は約三㎝です。

答えは91ページ

LESSON 26

漢字を書こう

① □□□（せんもんか）の話。

② ゴール□□（すんぜん）。

③ 光が目を（いる）。

④ 戦国の□□（ぶしょう）。

⑤ 意思を□□（そんちょう）する。

⑥ □□（すんぽう）を測る。

⑦ □□（しんみつ）な関係。

⑧ □□（ちゅうしゃ）を打つ。

⑨ 伝統を（たっとぶ）。

⑩ 動物□□（せんよう）の薬。

⑪ 敵（てき）の□□□（そうだいしょう）。

⑫ □□（めんみつ）な計画。

⑬ ロケットの□□（はっしゃ）。

⑭ 自由は（とうとい）。

正解 14問中 問 合格11問 月 日

漢字を読もう 尺・層・展・届・敬・敵

正解 12問中　問　合格10問

① 尺八の練習をする。 [　　]

② 巻(ま)き尺を使って測る。 [　　]

③ 選手の層が厚い。 [　　]

④ 上層部の判断をあおぐ。 [　　]

⑤ 作品を展示する。 [　　]

⑥ 物語の展開が早い。 [　　]

⑦ 落とし物を届ける。 [　　]

⑧ 声が遠くまで届く。 [　　]

⑨ 目上の人を敬う。 [　　]

⑩ 強打者を敬遠する。 [　　]

⑪ 敵意をむき出しにする。 [　　]

⑫ 両者は敵対関係にある。 [　　]

チェックポイント

「尺」の筆順は、「𠃍→コ→尸→尺」です。

「敵」と「適」のちがい
・敵…戦いなどの相手を表す。
・適…ちょうどよいことを表す。

答えは91ページ

LESSON 28

漢字を書こう

正解 14問中 問 / 合格 11問　月 日

①［そんけい］する人物。

②［きょうてき］をたおす。

③［しゅくしゃく］した図面。

④［こうそう］ビル。

⑤手紙が（とどく）。

⑥国が［はってん］する。

⑦［てき］と味方。

⑧古代の［ちそう］。

⑨［けいろう］の日。

⑩善悪（ぜんあく）の［しゃくど］。

⑪町の［てんぼうだい］。

⑫神仏を（うやまう）。

⑬荷物を（とどける）。

⑭油断は［たいてき］だ。

LESSON 29

まとめテスト ③

1 次の――線の読み方を書きましょう。

① この映画は［　　］みる価値が［　　］ある。

② かれは仁義を［　　］重んじる人だ。

③ 宗教に［　　］ついて専門に［　　］学ぶ。

④ この辺りは［　　］住宅が［　　］かなり密集して［　　］いる。

2 次の漢字を書きましょう。

① □□（しょうらい）は□□（うちゅう）に行きたい。

② 神仏の教えを□（たから）として（とうとぶ）。

③ 矢を（いられて）□（きず）を負う。

④ □（とも）を（したがえて）□□（はいく）をよむ旅に出る。

⑤ □□（こんばん）は意外と（あたたかい）。

正解 18問中

問／合格15問

答えは91ページ

LESSON 30

まとめテスト ④

1 次の——線の読み方を書きましょう。

① 宅配［　　］で 新鮮(しんせん)な 食材を 供給［　　］する。

② 従業員［　　］として、会社の 規律［　　］を 守る。

③ 試合で 優勝［　　］する ことを 宣言［　　］する。

④ 博物館で 国宝［　　］が 初めて 展示［　　］される。

2 次の漢字を書きましょう。

① □□（てきち）の□□□（すんぜん）で待機する。

② 注文した□□（こめだわら）が（とどく）。

③ 巻(ま)き□（じゃく）で□□（さいすん）する。

④ □□□（ゆうとうせい）のかれを□□（そんけい）する。

⑤ かれの□□（じたく）はマンションの□□□（こうそうかい）にある。

2 ③の「さいすん」は長さを測ることだよ。

正解 18問中　　問　合格15問

月　　日

LESSON 31

漢字を読もう
沿・激・源・済・洗・潮

正解 12問中 　問　合格10問

① 海岸に沿って歩く。［　　］

② 沿道に花がさく。［　　］

③ 激しい痛(いた)みを感じる。［　　］

④ 開発が急激に進む。［　　］

⑤ 生命の源。［　　］

⑥ 資源ごみを回収(かいしゅう)する。［　　］

⑦ 用事を済まして帰る。［　　］

⑧ 弱者を救済する。［　　］

⑨ 台所で食器を洗う。［　　］

⑩ 洗練された着こなし。［　　］

⑪ 潮風がふきぬける。［　　］

⑫ ほおを紅潮させる。［　　］

チェックポイント

「氵」（さんずい）は、水や液体に関係があることを表します。

③「激しい」は、送りがなが同じで意味も似ている「厳(きび)しい」と間違(まちが)えないように注意しましょう。

答えは91ページ

LESSON 32

漢字を書こう

① □□（でんげん）を入れる。

② □（しお）のかおり。

③ □□（かんげき）のなみだ。

④ 心が（あらわれる）本。

⑤ 食事が（すむ）。

⑥ 元気の□（みなもと）。

⑦ □□□（せんめんだい）。

⑧ 鉄道の□□（えんせん）。

⑨ 時代の□□（ふうちょう）。

⑩ （はげしい）雨。

⑪ 人類の□□（きげん）。

⑫ 流れに（そう）。

⑬ 手を（あらう）。

⑭ □□□（けいざいりょく）がある。

正解 14問中 問 合格11問

月 日

LESSON 33

漢字を読もう

派・恩・憲・忠・忘・亡

正解 12問中 問 合格10問

①立派な態度。［　　］

②特派員として活動する。［　　］

③恩師へ手紙を書く。［　　］

④謝恩会に出席する。［　　］

⑤憲法に基（もと）づく政治。［　　］

⑥児童憲章を定める。［　　］

⑦原作を忠実に再現する。［　　］

⑧忠犬ハチ公の銅像。［　　］

⑨時間を忘れて遊ぶ。［　　］

⑩相手の名前を忘れる。［　　］

⑪犯人が逃（とう）亡する。［　　］

⑫存（そん）亡に関わる問題だ。［　　］

チェックポイント

「恩」「憲」「忠」「忘」の部首の「心」（こころ）は、心の動きに関係することを表します。

「恩」の上の部分は、「田」ではなく「因」です。

答えは91ページ

漢字を書こう

正解 14問中 問 合格11問

月 日

①茶道の□□（りゅうは）。

②□□（けんぽう）記念日。

③（わすれ）物をする。

④□□（ちゅうこく）を聞く。

⑤命の□□（おんじん）。

⑥他国へ□□（ぼうめい）する。

⑦□□（ちゅうぎ）をつくす。

⑧宿題を（わすれる）。

⑨□□□（はしゅつじょ）に行く。

⑩□（おん）をあだで返す。

⑪□□（りっけん）政治。

⑫国に□□（ちゅうせい）をちかう。

⑬□□（しぼう）届けをだす。

⑭□□（はで）な服。

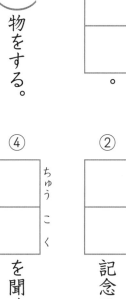

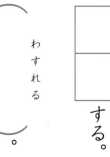

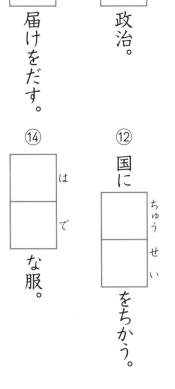

漢字を読もう 拡・揮・捨・推・操・担

正解 12問中 問 合格10問

① 拡声器で呼(よ)びかける。［　　］

② ウイルスの拡散を防ぐ。［　　］

③ 揮発性の油。［　　］

④ 指揮者に選ばれる。［　　］

⑤ ゴミを捨てる。［　　］

⑥ 材料を取捨する。［　　］

⑦ 推理小説を読む。［　　］

⑧ 事態の推移を見守る。［　　］

⑨ 飛行機を操縦する。［　　］

⑩ 節操のない人だ。［　　］

⑪ 仕事を分担する。［　　］

⑫ 担任の先生と話をする。［　　］

チェックポイント

「扌」（てへん）は、手に関係があることを表します。

⑤「捨てる」の反対語は、「拾う」です。「捨」と「拾」は形が似ているので区別して覚えましょう。

答えは92ページ

LESSON 36

漢字を書こう

正解 14問中 問 合格11問

月 日

① 武器を（すてる）。

② 力を□□（はっき）する。

③ ラジオ□□（たいそう）。

④ 地図を□□（かくだい）する。

⑤ □□（ふたん）に思う。

⑥ （すて）身のわざ。

⑦ □□（すいてい）無罪。

⑧ 計画の□□（すいしん）。

⑨ □□（しき）をとる。

⑩ ハンドル□□（そうさ）。

⑪ 道路の□□（かくちょう）。

⑫ □□（たんとう）の部署（ぶしょ）。

⑬ □□（ししゃ）五入。

⑭ 理由を□□（すいそく）する。

LESSON 37

漢字を読もう 探・拝・批・承・看・舌

① 山でえものを探す。［　　］

② 真実を探求する。［　　］

③ 初日の出を拝む。［　　］

④ 神社に参拝する。［　　］

⑤ 批判的な意見。［　　］

⑥ 条約を批准(じゅん)する。［　　］

⑦ 伝承文化を研究する。［　　］

⑧ 承服しかねる条件だ。［　　］

⑨ 看板を設置する。［　　］

⑩ 手厚い看護を受ける。［　　］

⑪ 舌をやけどする。［　　］

⑫ 思わず舌打ちをする。［　　］

チェックポイント

「探」は、部首が「氵」（さんずい）の「深」と区別して覚えましょう。

「承」の筆順は、「フ→了→子→孑→手→手→承→承→承」です。

正解 12問中　問　合格10問

答えは92ページ

LESSON 38

漢字を書こう

① 町を［たんぼう］する。

② ［したさきさんずん］

③ ［かんごし］の母。

④ 仏像を（おがむ）。

⑤ ご［しょうち］の通り。

⑥ 番組の［ひひょう］。

⑦ 手紙を［はいけん］する。

⑧ ［たんけんか］。

⑨ 祖父の［かんびょう］。

⑩ 妹は、ねこ［じた］だ。

⑪ 財宝を（さがす）。

⑫ 予算の［しょう］認（にん）。

⑬ 作品を［ひはん］する。

⑭ 刑務所（けいむしょ）の［かんしゅ］。

正解 14問中 問 合格11問

月 日

LESSON 39

漢字を読もう

降・除・障・陛・幼・皇

正解 12問中 問 合格10問

① バスから降りる。〔　〕

② みぞれが降る。〔　〕

③ 五時以降は家にいる。〔　〕

④ 不純物を取り除く。〔　〕

⑤ 除夜のかねが鳴る。〔　〕

⑥ 障子をはりかえる。〔　〕

⑦ 障害を乗りこえる。〔　〕

⑧ 国王陛下に仕える。〔　〕

⑨ 幼い弟の世話をする。〔　〕

⑩ 幼児向け番組を見る。〔　〕

⑪ 天皇のお言葉を聞く。〔　〕

⑫ 皇居周辺を走る。〔　〕

チェックポイント

⑦「障害」と「傷害」のちがい
・障害…じゃまになるもの。
・傷害…けがを負わせること。

「陛」は、形の似ている「階」（カイ）と区別して覚えましょう。

答えは92ページ

LESSON 40

漢字を書こう

① □（おさな）なじみに会う。

② □□（へいか）にお会いする。

③ 雨が（ふる）。

④ 時計が□□（こしょう）する。

⑤ □□（こうしつ）の行事。

⑥ ちょうの□□（ようちゅう）。

⑦ 例外を（のぞく）。

⑧ もう、□□（こうさん）だ。

⑨ 女王□□（へいか）。

⑩ 安全を□□（ほしょう）する。

⑪ 考えが（おさない）。

⑫ □□□（こうたいし）となる。

⑬ □□（じょせつ）作業。

⑭ 車から（おりる）。

正解 14問中　　問　合格11問

月　日

LESSON 41 まとめテスト ⑤

正解 18問中

合格 15問

1 次の――線の読み方を書きましょう。

① 二派に　わかれて　激論する。
［　　］［　　］

② うわさを　拡散する　人に　忠告する。
［　　］［　　］

③ 看護の　かいなく　死亡した。
［　　］［　　］

④ 大学で　憲法の　講義を　担当する。
［　　］［　　］

2 次の漢字を書きましょう。

① （おさない）□□□（こうたいし）がおもちゃで遊ぶ。

② □（しお）干狩り（ひがり）のできる場所を（さがす）。

③ 休日に□□□（たいそうふく）を（あらう）。

④ □□（おんし）の言葉を（わすれない）。

⑤ □□（えんどう）のお地蔵さんを（おがむ）。

答えは92ページ

LESSON 42 まとめテスト ⑥

正解 18問中 ＿問 合格15問

＿月＿日

1 次の――線の読み方を書きましょう。

① 国王陛下の［　　］　お姿（すがた）を［　　］　拝見する。［　　］

② 反対派の［　　］　たくらみを［　　］　看破する。［　　］

③ 幼児なのに、［　　］　よく［　　］　舌が［　　］　回る　子だ。

④ 批判を［　　］　十分［　　］　承知で［　　］　意見する。

1②の「看破」は，「破」の読み方に気をつけよう。

2 次の漢字を書きましょう。

① 早朝に［じょそう］剤（ざい）の散布を（すませる）。

② ［こしょう］した電車から（おろされた）。

③ ［しきしゃ］の（はげしい）手の動き。

④ ［げんりゅう］から河口まで川（ぞい）を歩く。

⑤ 毎日、［すいてい］十万トンのごみが（すてられる）。

LESSON 43

漢字を読もう 株・机・権・樹・棒・枚

正解 12問中 問　合格 10問

① 木の切り株にすわる。［　］

② 株式会社を設立する。［　］

③ 机の上に本を置く。［　］

④ 小さな机を作る。［　］

⑤ 正当な権利を主張する。［　］

⑥ 経営の実権をにぎる。［　］

⑦ 樹木がおいしげる。［　］

⑧ 新記録を樹立する。［　］

⑨ 鉄棒の練習をする。［　］

⑩ せりふを棒読みする。［　］

⑪ 用紙の枚数を数える。［　］

⑫ 枚挙にいとまがない［　］

チェックポイント

「木」（きへん）は、木の種類や様子、木からできたものなどを表します。

「株」の右の部分は、「矢」ではなく「朱」です。

答えは92ページ

LESSON 44

漢字を書こう

① □□□（せんきょけん）を持つ。

② 会社の□□（かぶぬし）。

③ □□（ごまい）の折り紙。

④ □（ぼう）グラフをかく。

⑤ □（つくえ）に向かう。

⑥ □□（じゅひょう）の林。

⑦ □□（ふるかぶ）の社員。

⑧ □□（けんりょく）をふるう。

⑨ おにに□□（かなぼう）

⑩ □□（たいまい）をはたく。

⑪ □□□（がくしゅうづくえ）を買う。

⑫ 広い□□□（かじゅえん）。

⑬ □□（じんけん）を尊重する。

⑭ □（ぼう）立ちになる。

正解 14問中　問　合格11問　月　日

LESSON 45

漢字を読もう

模・穀・私・秘・貴・賃

正解 12問中　　問　合格 10問

① 水玉模様の服を着る。［　　］

② 大規模工事を行う。［　　］

③ 穀類を毎食とる。［　　］

④ 米や雑穀を売る店。［　　］

⑤ かれは私の弟です。［　　］

⑥ 私用で出かける。［　　］

⑦ 秘密は必ず守る。［　　］

⑧ 秘策をさずける。［　　］

⑨ 貴重品を預（あず）ける。［　　］

⑩ 貴族の生活を調べる。［　　］

⑪ 家賃をふりこむ。［　　］

⑫ 一日の手間賃をはらう。［　　］

チェックポイント

「秘」の筆順は、「ノ→ニ→千→禾→禾→禾→禾→秋→秋→秘」です。

「貴」「賃」の部首の「貝」（かい・こがい）は、お金や財宝に関係があることを表します。

答えは93ページ

LESSON 46

漢字を書こう

正解14問中 合格11問 問

月 日

① [こくもつ]の自給率。

② [きぼ]が小さい。

③ [ちんぎん]が上がる。

④ [ひでん]の薬。

⑤ 絵を[もしゃ]する。

⑥ [ききんぞく]。

⑦ [こくそう]地帯。

⑧ [わたくし]の名前。

⑨ [ひしょしつ]で働く。

⑩ バスの[うんちん]。

⑪ [もけい]飛行機。

⑫ [しじょう]をはさむ。

⑬ [こうき]な身分。

⑭ アマゾンの[ひきょう]。

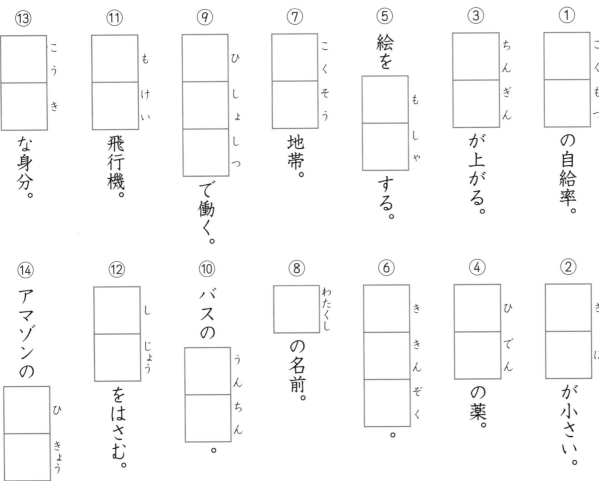

LESSON 47

漢字を読もう 胸・臓・腸・脳・肺・腹

正解 12問中 問 合格10問

① 胸がどきどきする。［　　］

② 度胸がすわっている。［　　］

③ 心臓の音を聞く。［　　］

④ 内臓の検査をする。［　　］

⑤ 腸の病気で手術する。［　　］

⑥ 断腸の思いで別れる。［　　］

⑦ 各国の首脳が集まる。［　　］

⑧ 脳波を記録する。［　　］

⑨ 空気を肺に送りこむ。［　　］

⑩ 肺活量が増える。［　　］

⑪ 腹いっぱい食べる。［　　］

⑫ 山の中腹で一休みする。［　　］

チェックポイント

部首の「月」（にくづき）のもとは「肉」であり、体に関係があることを表します。

「臓」は、読みが同じで形の似ている「蔵」と区別して覚えましょう。

答えは93ページ

LESSON

48

漢字を書こう

① □□（ずのう）明せき。

② □□（くうふく）を満たす。

③ □（ちょう）を調べる。

④ □（むね）を痛（いた）める。

⑤ 弟に□（はら）を立てる。

⑥ □□（ないぞう）の検査。

⑦ □（はい）で酸素を取りこむ。

⑧ □（のう）の活性化。

⑨ □□（きょうい）を測る。

⑩ □□（だいちょう）の働き。

⑪ □□（ぞうき）移植を受ける。

⑫ □（はい）炎（えん）にかかる。

⑬ □□（ふっきん）をきたえる。

⑭ □□（だいのう）の発達。

正解 14問中　　問　合格11問

月　　日

漢字を読もう 胃・背・吸・呼・痛・骨

正解 12問中 　問 ／ 合格 10問

① 胃の調子が悪い。［　　］

② 胃液を分泌（ぶんぴつ）する。［　　］

③ たがいに背を向ける。［　　］

④ 背後でドアが閉（し）まる。［　　］

⑤ ストローで吸う。［　　］

⑥ 酸素を吸入する。［　　］

⑦ みんなに呼びかける。［　　］

⑧ 先生が点呼をとる。［　　］

⑨ 昨夜から歯が痛い。［　　］

⑩ 実に痛快な話だ。［　　］

⑪ 親切が骨身にしみる。［　　］

⑫ 鉄骨の建物。［　　］

チェックポイント

「吸」は、最後の画に気をつけます。

「骨」の筆順は、「丨→冂→冂→冎→冎→冎→骨→骨→骨」です。

答えは93ページ

LESSON 50

漢字を書こう

正解 14問中 　問　合格 11問　月　日

① □□（いぐすり）を飲む。

② □□□（しんこきゅう）をする。

③ ビルの□（ほね）組み。

④ □□（ずつう）がする。

⑤ 息を（すう）。

⑥ □□（いちょう）の仕組み。

⑦ 名前を□□（れんこ）する。

⑧ 胸が（いたい）。

⑨ □（せい）比べをする。

⑩ 足を□□（こっせつ）する。

⑪ □□□（きゅういんりょく）が強い。

⑫ 大声で（よぶ）。

⑬ 責任を□□（つうかん）する。

⑭ 時代の□□（はいけい）。

LESSON 51

漢字を読もう

勤・券・割・劇・刻・創

正解 12問中 問 合格10問

① 銀行に勤める。 [　　]

② かれは勤勉な学生だ。 [　　]

③ 前売り券を買う。 [　　]

④ 乗車券を提示する。 [　　]

⑤ ガラスが割れる。 [　　]

⑥ 割合の問題を解く。 [　　]

⑦ 演劇部に入部する。 [　　]

⑧ 劇的に変化する。 [　　]

⑨ 野菜を細かく刻む。 [　　]

⑩ 会議は定刻に始まった。 [　　]

⑪ 創作活動にはげむ。 [　　]

⑫ 独創的な発想だ。 [　　]

チェックポイント

①銀行に勤める（働く）
・議長を務める（任務を負う）
・解決に努める（努力する）

「割」「劇」「刻」「創」の部首の「刂」（りっとう）は、切ることや刀に関係があることを表します。

答えは93ページ

LESSON 52

漢字を書こう

正解 14問中　問　合格 11問　月　日

① □□（やくわり）を果たす。

② □□□（じこくひょう）を見る。

③ 病院に（　　）（つとめる）。

④ 雑誌の□□（そうかん）。

⑤ □□□（じだいげき）。

⑥ 石像に名を（　　）（きざむ）。

⑦ □□（そうりつ）五十周年。

⑧ □□（しょうけん）会社。

⑨ □□（しんこく）な話題。

⑩ 皿が（　　）（われる）。

⑪ □□（きんろう）感謝の日。

⑫ □□（ひげき）の主人公。

⑬ □□□（にゅうじょうけん）を買う。

⑭ 全品□□（さんわり）引き。

まとめテスト ⑦

正解 18問中 　問／合格 15問

1 次の――線の読み方を書きましょう。

① 日米<u>首脳</u>が、たがいに <u>机</u>を はさんで 向き合う。
〔　　〕〔　　〕

② <u>穀物</u>を きちんと とって <u>胃腸</u>を 整える。
〔　　〕〔　　〕

③ <u>創業者</u>の 一族が、会社の <u>実権</u>を にぎる。
〔　　〕〔　　〕

④ <u>内臓</u>の 位置を <u>模型</u>を 使って 説明する。
〔　　〕〔　　〕

2 次の漢字を書きましょう。

① 人間は □（はい）で □□（こきゅう）している。

② □□（きげき）を見て □（はら）をかかえて笑う。

③ 柱に身長を（　　）（きざんで）□（せい）比べをする。

④ 広告関連の□□（かぶしき）会社に（　　）（つとめる）。

⑤ こちらが□（わたくし）の□□（ひしょ）です。

2 ②の「げき」は，左の部分の形に気をつけよう。

答えは93ページ

まとめテスト ⑧

正解 18問中 ___問 合格15問
___月___日

1 次の——線の読み方を書きましょう。

① 長時間の徒歩通勤［　　］で、足が棒［　　］になる。

② 一刻［　　］を争う難(むずか)しい心臓［　　］手術。

③ 秘密基地［　　］にいくつかの貴重品［　　］をかくす。

④ 電車の乗車券［　　］を、窓口(まどぐち)で二枚［　　］買う。

2 次の漢字を書きましょう。

① 学生は□□(うんちん)が□□(わりびき)になる。

② □□(たいじゅ)の切り□(かぶ)にこしを下ろす。

③ この□□(げきじょう)は今年で□□(そうりつ)十周年をむかえる。

④ ひどい□□(ふくつう)で、救急車を（　　）(よぶ)。

⑤ 思い切り息を（　　）(すって)、□(むね)を張る。

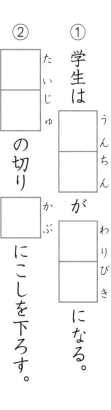

LESSON 55

漢字を読もう

卵・巻・危・厳・我・蚕

正解 12問中 問 合格10問

① 魚は<u>卵</u>から生まれる。 [　　　]

② 生<u>卵</u>をそっと持つ。 [　　　]

③ 時計のねじを<u>巻</u>く。 [　　　]

④ 上<u>巻</u>を読み終える。 [　　　]

⑤ <u>危</u>ない目にあう。 [　　　]

⑥ 経営の<u>危機</u>に直面する。 [　　　]

⑦ 北国の冬は<u>厳</u>しい。 [　　　]

⑧ 戸じまりを<u>厳重</u>にする。 [　　　]

⑨ <u>我</u>ながらよくできた。 [　　　]

⑩ <u>我</u>にもなく感動した。 [　　　]

⑪ <u>蚕</u>がくわの葉を食べる。 [　　　]

⑫ <u>養蚕</u>で栄えた町。 [　　　]

チェックポイント

「卵」の筆順は、「ノ→ㇾ→ㇾ→⺋→卯→卯→卵」です。

「我」の筆順は、「ノ→ニ→千→手→扌→我→我」です。

答えは94ページ

LESSON 56

漢字を書こう

① [　][　]（きがい）を加える。

② [　][　]（かんまつ）の解説。

③ 土足[　][　]（げんきん）。

④ 姉は医者の[　]（たまご）だ。

⑤ 舌を（まく）

⑥ [　]（かいこ）を育てる。

⑦ [　]（われ）を忘れる

⑧ （あぶない）運転。

⑨ （きびしい）訓練。

⑩ [　][　]（ようさん）農家の生活。

⑪ [　][　]（きけん）な場所。

⑫ ふと、[　]（われ）に返る。

⑬ [　]（たまご）がかえる。

⑭ [　][　]（げんかく）な教育。

正解14問中　問　合格11問　月　日

LESSON 57

漢字を読もう

閣・閉・灰・熟・難・泉

正解 12問中 問 合格10問 月 日

① 新しい内閣をつくる。［　　］

② 神社仏閣を訪ねる。［　　］

③ 目を閉じて考える。［　　］

④ 閉会式が行われる。［　　］

⑤ 灰に水をかける。［　　］

⑥ 火山灰が降り積もる。［　　］

⑦ 熟した実が落ちる。［　　］

⑧ 自分はまだ未熟だ。［　　］

⑨ 説明するのは難しい。［　　］

⑩ あやまちを非難する。［　　］

⑪ 泉の水を飲む。［　　］

⑫ 源泉をほり当てる。［　　］

チェックポイント

「閣」「閉」の部首の「門」（もんがまえ）は、門やとびらに関係があることを表します。

「熟」は、形の似ている「熱」（ネツ・あつーい）と区別して覚えましょう。

答えは94ページ

LESSON 58

漢字を書こう

正解 14問中 問 合格11問

月 日

① 本を（とじる）。

② 城の［てんしゅかく］。

③ ［はいいろ］の空。

④ ［さいなん］にあう。

⑤ （むずかしい）顔。

⑥ ［じゅくご］を調べる。

⑦ ［いずみ］のほとり。

⑧ ［みっぺい］した容器。

⑨ ［かくぎ］を開く。

⑩ ［はいざら］を置く。

⑪ ［なんもん］を解く。

⑫ 店が（しまる）。

⑬ ［じゅくれん］のわざ。

⑭ ［おんせん］につかる。

漢字を読もう 裁・装・裏・補・警・署

正解 12問中 問 合格10問

① 不正を法で裁く。［　　］

② けんかの仲裁をする。［　　］

③ 自由な服装で参加する。［　　］

④ 安全装置が作動する。［　　］

⑤ 足の裏がよごれる。［　　］

⑥ 周囲の期待を裏切る。［　　］

⑦ 不足を補う必要がある。［　　］

⑧ 水分を補給する。［　　］

⑨ 大雨警報が発表される。［　　］

⑩ 事前に危険を警告する。［　　］

⑪ 署名をお願いする。［　　］

⑫ 新しい署長が着任する。［　　］

チェックポイント

⑤「裏」の反対語は、「表」です。「表裏（ひょうり）」という言葉もあります。

「署」は、形の似ている「暑」（ショ・あつ-い）や「著」（チョ）と区別して覚えましょう。

答えは94ページ

LESSON 60

漢字を書こう

正解 14問中　　問／合格11問

月　日

① 【　　　】（りっこうほ）する。

② 学校の【　　】（うらもん）。

③ 布を【　　】（さいだん）する。

④ 登山の【　　】（そうび）。

⑤ 【　　】（うらおもて）のある人。

⑥ 欠点を（おぎなう）。

⑦ 【　　】（かそう）パーティー。

⑧ 【　　　】（しょうぼうしょ）。

⑨ 【　　】（けいさつ）に通報する。

⑩ 罪を（さばく）。

⑪ 【　　】（ぶしょ）を移る。

⑫ 橋を【　　】（ほきょう）する。

⑬ 【　　　】（さいばんしょ）に行く。

⑭ 国境の【　　】（けいび）。

LESSON 61

漢字を読もう

乳・乱・盛・盟・翌・聖

正解 12問中　　問／合格10問

① 牛の乳しぼりを手伝う。［　　］

② 母親が乳児をあやす。［　　］

③ 風でかみが乱れる。［　　］

④ 頭の中が混乱する。［　　］

⑤ くだものをかごに盛る。［　　］

⑥ 山盛りのご飯を食べる。［　　］

⑦ 国連に加盟する。［　　］

⑧ 地域（ちいき）の盟主となる。［　　］

⑨ 翌朝出発する予定だ。［　　］

⑩ 翌日から雨が降った。［　　］

⑪ 神聖な気持ちになる。［　　］

⑫ 聖母のようにやさしい。［　　］

チェックポイント

「乳」は、「子」の形に注意して書きましょう。

「盛」の六画目を書き忘れないようにしましょう。

盛　忘れない

答えは94ページ

LESSON 62

漢字を書こう

① □□（らんぼう）な物言い。

② 白い□□（にゅうえき）。

③ （　　）（めもり）を読む。

④ □□（どうめい）を結ぶ。

⑤ □□（よくねん）の春。

⑥ 心を（　　）（みだす）。

⑦ □□（せいしょ）を読む。

⑧ お□（ちち）を飲ませる。

⑨ サッカー□□（れんめい）。

⑩ うつわに（　　）（もる）。

⑪ □□（せんらん）の時代。

⑫ □□（よくしゅう）も休む。

⑬ □□□（にゅうせいひん）を買う。

⑭ □□（せいか）ランナー。

正解14問中　問　合格11問　月　日

LESSON 63

漢字を読もう

奏・奮・視・覧・幕・暮

正解 12問中 問 合格 10問

①楽器を演奏する。[　　]

②説得が功を奏した。[　　]

③勇気を奮い起こす。[　　]

④お年玉を奮発する。[　　]

⑤視力検査を受ける。[　　]

⑥きりで視界が悪い。[　　]

⑦遊園地で観覧車に乗る。[　　]

⑧国語便覧を編集する。[　　]

⑨幕を張りめぐらす。[　　]

⑩幕末の記録が残る。[　　]

⑪自然の中で暮らす。[　　]

⑫途方(とほう)に暮れる。[　　]

チェックポイント

「幕」と「暮」、また、形の似ている「墓」(ボ・はか)は区別して覚えましょう。

「暮」は、草原のかなたに日がしずむ様子を表しています。

答えは94ページ

LESSON 64

漢字を書こう

正解 14問中　問　合格 11問　月　日

① □（まく）が上がる。

② 南国の（くらし）。

③ 絵の□□□（てんらんかい）。

④ 気力を（ふるう）。

⑤ バイオリン□□（そうしゃ）。

⑥ 映画の□□（じまく）。

⑦ 日が（くれる）。

⑧ 結果を□□（じゅうし）する。

⑨ □□（ばくふ）の役人。

⑩ □□□（いちらんひょう）を作る。

⑪ □□（しせん）を感じる。

⑫ ピアノの□□（どくそう）。

⑬ 書類の□□（かいらん）。

⑭ □□（こうふん）した声。

LESSON 65

漢字を読もう

孝・存・郷・郵・至・段

正解 12問中　問　合格10問

① あの子は親孝行だ。［　　］

② 孝養をつくす。［　　］

③ 冷蔵庫に保存する。［　　］

④ 事業の存続をはかる。［　　］

⑤ 故郷をなつかしむ。［　　］

⑥ 郷土料理を味わう。［　　］

⑦ 銀行や郵便局に寄る。［　　］

⑧ 友人に小包を郵送する。［　　］

⑨ 至る所に傷がある。［　　］

⑩ 至急、連絡（れんらく）をとりたい。［　　］

⑪ 文章を段落で分ける。［　　］

⑫ 商品に値段をつける。［　　］

チェックポイント

「孝」は、音読みが同じで形の似ている「考」と区別して覚えましょう。

「郵」と「段」の書き方に注意しましょう。

郵　右上に

段　左につき出す

答えは94ページ

LESSON 66

漢字を書こう

正解 14問中 問 合格11問

月 日

①（ぜんぶん）に楽しむ。

②（しなん）のわざ。

③（かいだん）を上る。

④（ききょう）のみやげ。

⑤大事に（いたる）。

⑥（おやふこう）。

⑦（ゆうびん）番号を書く。

⑧（いぞん）はない。

⑨（りそうきょう）。

⑩（しゅだん）を選ぶ。

⑪（こうこう）むすこ。

⑫（しふく）のひととき。

⑬大切な（そんざい）。

⑭本を（ゆうそう）する。

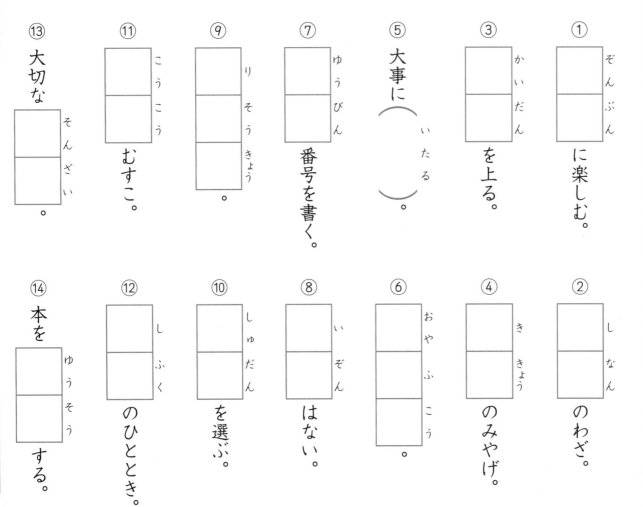

LESSON 67

まとめテスト ⑨

1 次の――線の読み方を書きましょう。

① 包装紙を　ビリビリと　乱暴に　破って　開ける。
［　　］［　　］

② 消防署に、標語の　幕が　かかげられた。
［　　］［　　］［　　］

③ 古びた　聖書を　きれいに　補修する。
［　　］［　　］

④ 連盟から　経済制裁を　受ける。
［　　］［　　］

2 次の漢字を書きましょう。

① 激戦に、□（われ）を忘れて□□（こうふん）した。

② □（たまご）を□□（はんじゅく）にゆでる。

③ □□（うらみち）を一人で歩くのは□□（きけん）だ。

④ □□（にゅうじ）をおくるみで（　まく　）。

⑤ □□□（ようさんぎょう）を続けるのは（　むずかしい　）。

正解 18問中　　問　合格 15問

答えは94ページ

LESSON 68

まとめテスト⑩

正解 18問中　　問／合格15問　　月　　日

1 次の――線の読み方を書きましょう。

① 火山灰［　　］が　降って　視界［　　］が　悪い。

② 閣議［　　］の　内容が　翌日［　　］に　報道される。

③ 閉会式［　　］で　ピアノを　演奏［　　］する。

④ 展覧会［　　］の　資料を　保存［　　］する。

2 次の漢字を書きましょう。

① ［げんじゅう］な［けいび］におどろく。

② 日が（くれる）前に、［いずみ］で水をくむ。

③ ［きょうり］の母に小包を［ゆうそう］する。

④ 家の（いたる）所に［だんさ］がある。

⑤ ［おやこうこう］な人の話で（もりあがる）。

1④の「存」は，ここでは「そん」とは読まないよ。

LESSON 69

漢字を読もう

遺・退・処・延・穴・窓

正解 12問中 ＿問 合格10問 ＿月＿日

① 親から**遺伝**する。［　　　］

② **遺失**物を交番に届ける。［　　　］

③ 思わず一歩**退**いた。［　　　］

④ 王の部屋から**退出**する。［　　　］

⑤ 大量の情報を**処理**する。［　　　］

⑥ 冷静に**対処**する。［　　　］

⑦ 会議の時間が**延**びる。［　　　］

⑧ 運動会が**延期**になる。［　　　］

⑨ 犬が庭に**穴**をほる。［　　　］

⑩ 心に**穴**が開いたようだ。［　　　］

⑪ **窓**から日が差しこむ。［　　　］

⑫ **車窓**の景色をながめる。［　　　］

チェックポイント

③「退く」の反対語は「進む」です。「進退」という言葉もあります。

⑦「延びる」は、時間や期間、寿命（じゅみょう）について使います。

答えは95ページ

LESSON 70

漢字を書こう

正解 14問中 ＿問　合格 11問

＿月＿日

① 出発が（のびる）。

② 不用品の□□（しょぶん）。

③ 世界□□（いさん）。

④ 職を（しりぞく）。

⑤ □（あな）だらけの道。

⑥ □□（まどべ）にすわる。

⑦ 応急□□（しょち）をする。

⑧ □□□（えんちょうせん）に入る。

⑨ おに□□（たいじ）をする。

⑩ 落とし□（あな）にはまる。

⑪ （のべ）人数の調査。

⑫ □□（いしょ）を残す。

⑬ □□□（どうそうかい）がある。

⑭ 敵を（しりぞける）。

LESSON 71

漢字を読もう

頂・預・就・己・干・姿

正解 12問中 問 合格10問

① お先に頂きます。［　］

② いかりが頂点に達する。［　］

③ ホテルに荷物を預ける。［　］

④ 預金を引き出す。［　］

⑤ この春に就職する。［　］

⑥ 就任のあいさつをする。［　］

⑦ 自己満足にすぎない。［　］

⑧ わがままな利己主義者だ。［　］

⑨ 洗たく物を干す。［　］

⑩ 干害になやまされる。［　］

⑪ 後ろ姿を見送る。［　］

⑫ 容姿が母に似ている。［　］

チェックポイント

「就」は、ある立場や地位につくという意味をもつ漢字です。

「己」は三画で書き、筆順は「コ→コ→己」です。

答えは95ページ

LESSON 72

漢字を書こう

正解 14問中　　問　合格11問

月　　日

① 潮の□□（かんまん）。

② エベレスト□□（とうちょう）。

③ □□（しゅうしょく）活動。

④ 留守を（あずかる）。

⑤ □□（しせい）が良い。

⑥ 夕食を（いただく）。

⑦ □□（よきん）通帳。

⑧ □□（じこ）紹介（しょうかい）をする。

⑨ 魚を（ほす）。

⑩ 会社の□□（しゅうぎょう）規則。

⑪ 山の□（いただき）に立つ。

⑫ 貴重品を（あずける）。

⑬ □（すがた）を現す。

⑭ □□□（りこてき）な人。

LESSON 73

漢字を読もう

后・善・否・系・並・党

正解 12問中 問 合格10問

①皇后がほほえまれる。 [　　]

②皇太后のお写真。 [　　]

③かれは正直で善い人だ。 [　　]

④善悪をわきまえる。 [　　]

⑤その案は否決された。 [　　]

⑥安否を確認（かくにん）する。 [　　]

⑦我が家の家系を調べる。 [　　]

⑧体系的にまとめる。 [　　]

⑨駅のホームで並ぶ。 [　　]

⑩美しい並木道。 [　　]

⑪各政党の政策を比べる。 [　　]

⑫党派をこえて集まる。 [　　]

チェックポイント

③「善い」と「良い」のちがい
・善い…道徳的で立派、正しい。
・良い…質や状態が評価できる。

⑤「否決」の反対語は、「可決」です。

答えは95ページ

LESSON 74

漢字を書こう

正解 14問中 問 合格 11問 月 日

① 米、（ならびに）麦。

② （よい）行いをする。

③ 同じ［けいれつ］の店。

④ ［ひてき］な意見。

⑤ ［あくとう］の仲間。

⑥ ［こうごう］陛下。

⑦ ［たいようけい］。

⑧ いすを（ならべる）。

⑨ ［さんぴ］を問う。

⑩ ［しんぜん］大使になる。

⑪ ［さくらなみき］。

⑫ ［けいとう］立てる。

⑬ 生活の［かいぜん］。

⑭ ［とどう］を組む。

LESSON 75

漢字を読もう

砂・磁・糖・朗・染・欲

正解 12問中 問 合格10問

① 白い砂の海岸が続く。［　　］

② 砂漠（ばく）を横断する。［　　］

③ 磁石を使って実験する。［　　］

④ 磁器の食器をそろえる。［　　］

⑤ 紅茶に砂糖を入れる。［　　］

⑥ 製糖工場を見学する。［　　］

⑦ 合格の朗報が届く。［　　］

⑧ 朗朗と読み上げる。［　　］

⑨ 夕日に赤く染まる。［　　］

⑩ 朝顔の花で染める。［　　］

⑪ 欲望にはきりがない。［　　］

⑫ 欲張って失敗する。［　　］

チェックポイント

「朗」は、月が清くすんでいることを表しています。

「染」の部首は、「氵」（さんずい）ではなく「木」（き）です。

答えは95ページ

LESSON 76

漢字を書こう

① □□（すなば）で遊ぶ。

② □□（とうぶん）をひかえる。

③ 方位□□（じしん）。

④ □□（よっきゅう）を満たす。

⑤ □□（しょくよく）がある。

⑥ きれいに（そまる）。

⑦ □□（めいろう）な性格。

⑧ □□□（すなどけい）。

⑨ □□（さとう）をすくう。

⑩ 地球の□□（じりょく）。

⑪ 布を（そめる）。

⑫ □□（いよく）がわく。

⑬ 詩を□□（ろうどく）する。

⑭ □□（さきん）を探す。

正解14問中　問　合格11問

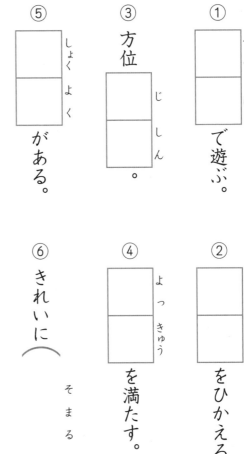

月　日

LESSON 77

漢字を読もう 冊・収・困・革・垂・域

正解 12問中 問 合格 11問

① ノートを三冊買う。［　］

② うすい冊子を作る。［　］

③ 弁当をかばんに収める。［　］

④ 新しい知識を吸収する。［　］

⑤ 困っている人を助ける。［　］

⑥ 困苦にたえる。［　］

⑦ 皮革製品を売る。［　］

⑧ 革新的なデザインの服。［　］

⑨ 垂れ幕を取り付ける。［　］

⑩ 鉄棒でけん垂をする。［　］

⑪ 芸術の域に達する。［　］

⑫ 川の流域に住む。［　］

チェックポイント

「困」は、形の似ている「因」（イン）と区別して覚えましょう。

「垂」の筆順は、「㇒→𠂉→𠂉→↓→𠀉→𠀉→垂→垂」です。

答えは95ページ

LESSON 78

漢字を書こう

① □□（こんなん）に感じる。

② 成功を（　　）（おさめる）。

③ 水が（　　）（たれる）。

④ □□（すうさつ）の本。

⑤ □□（かくめい）を起こす。

⑥ □□（すいちょく）な線。

⑦ 切手の□□（しゅうしゅう）。

⑧ 担当の□□（くいき）。

⑨ □□（べっさつ）の付録。

⑩ 糸を（　　）（たらす）。

⑪ □□（りょういき）をおかす。

⑫ 争いが（　　）（おさまる）。

⑬ 返事に（　　）（こまる）。

⑭ □□（かいかく）を進める。

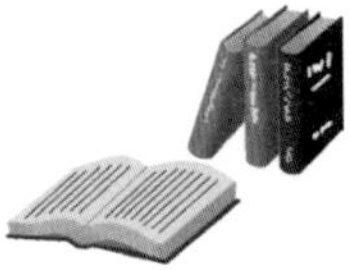

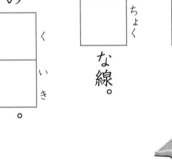

正解 14問中 ＿問 合格11問　＿月＿日

漢字を読もう　片・班・疑・衆・臨

正解 12問中　　問　合格10問

①　片道の切符（きっぷ）を買う。［　　］

②　片時もはなれない。［　　］

③　片思いの相手。［　　］

④　六つの班に分ける。［　　］

⑤　くじで班長を決める。［　　］

⑥　薬の効果を疑う。［　　］

⑦　疑念をいだく。［　　］

⑧　容疑者がつかまる。［　　］

⑨　群衆がおし寄せる。［　　］

⑩　民衆の支持を得る。［　　］

⑪　臨機応変に動く。［　　］

⑫　式典に大臣が臨席する。［　　］

チェックポイント

「片」の筆順は、「丿→丿丨→𠂉→片」です。

⑨「群衆」と「群集」のちがい
・群衆…集まった人々のこと。
・群集…集まること。

答えは95ページ

LESSON 80

漢字を書こう

正解 14問中 問 / 合格 11問　月　日

①□□(かたて)で持つ。

②□□(ぎもん)に思う。

③□(はん)で活動する。

④□□(りんかい)学校に行く。

⑤□□□(しゅうぎいん)の解散。

⑥□□(かたがわ)に寄る。

⑦目を(うたがう)。

⑧□□(かんしゅう)の前で歌う。

⑨□□(りんじ)休業をする。

⑩当番は□□(いっぱん)だ。

⑪□□(かたこと)で話す。

⑫□□(しつぎ)応答。

⑬□□□(たいしゅうてき)な店。

⑭世に□□(くんりん)する。

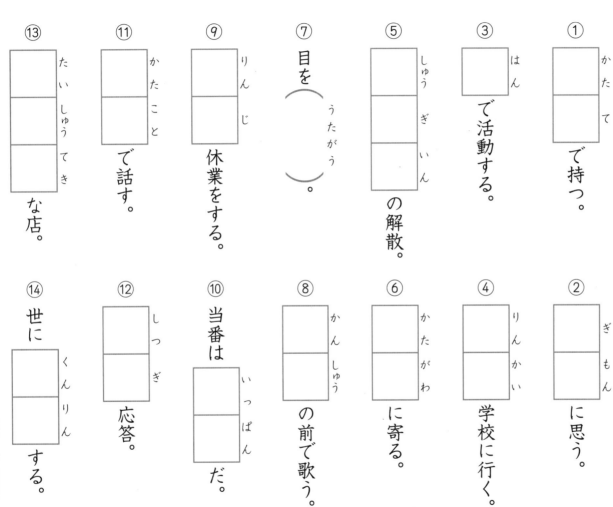

LESSON 81

まとめテスト ⑪

正解 18問中 問　合格 15問

1 次の――線の読み方を書きましょう。

① 遺失物［　　］は定期的に処分［　　］する。

② たくさんの砂鉄［　　］が次々と磁石［　　］につく。

③ 数十冊［　　］もの本を、たなに収納［　　］する。

④ 山頂［　　］までの臨時［　　］バスが出る。

2 次の漢字を書きましょう。

① スーツ［すがた］で［しゅうしょく］活動を行う。

② 部活動の［いんたい］を年末まで（のばす）。

③ 賃金［たいけい］を［かいぜん］する。

④ ［まどべ］に人形を（ならべる）。

⑤ ［とうど］の高い（ほし）ぶどう。

答えは96ページ

LESSON 82

まとめテスト ⑫

正解 18問中 問 合格15問

月 日

1 次の——線の読み方を書きましょう。

① 詐欺(さぎ)の 容疑を［　］ 全面的に 否定する。［　］

② 皇后陛下は、［　］とても 明朗な［　］お人柄(ひとがら)だ。

③ 各政党が、［　］社会の 変革を［　］うったえる。

④ 自己名義の［　］ 預金通帳を［　］ 作る。

2 次の漢字を書きましょう。

① （たれ）幕に文字を（そめる）。

② □□(かんしゅう)から大きな拍手(はくしゅ)を（いただく）。

③ □(はん)ごとに□□(ちいき)を見回る。

④ □□(かたほう)のくつ下に□(あな)が開く。

⑤ □□(しょくよく)がありすぎて（こまる）。

仕上げテスト①

正解 18問中　問　合格 15問

1 次の——線の読み方を書きましょう。

① 親密［　　］で 強固な 同盟関係［　　］を 築く。

② 諸国［　　］の 美術館を 視察［　　］する。

③ 川の 流域［　　］で 昔から 穀物［　　］を 育てて いる。

④ 家系図［　　］を 代々、巻物［　　］に して 残す。

2 次の漢字を書きましょう。

① 大きな声で［けいかん］を（よぶ）。

② 日本の［めいちょ］を［ろうどく］する。

③（はげしい）雨が（ふる）。

④ 朝の空気を［むね］いっぱい（すう）。

⑤（おさない）弟の［せなか］を洗う。

2 ⑤の「おさない」は，送りがなに気をつけよう。

答えは96ページ

LESSON 84

仕上げテスト②

1 次の――線の読み方を書きましょう。

① 利己的［　　］な態度に腹［　　］を立てる。

② 県庁［　　］のくわしい沿革［　　］を調べる。

③ 宇宙船［　　］を飛行士が操縦［　　］する。

④ 敬老［　　］の日に、祖父母と温泉［　　］へ行く。

2 次の漢字を書きましょう。

① 道が□□□（ほうしゃじょう）に（　　）（のびる）。

② □□（こきょう）に帰って（　　）（くらす）。

③ □□（ほうりつ）の□□（せんもん）学校に通う。

④ 店頭に□□（ざっし）を（　　）（ならべる）。

⑤「□□（いっすん）法師」の□（げき）を演じる。

正解 18問中　問／合格15問　月　日

LESSON 85

仕上げテスト ③

正解 18問中 問 合格15問

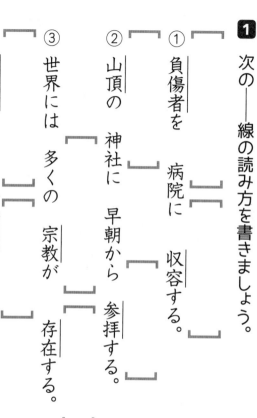

1 次の――線の読み方を書きましょう。

① 負傷者を［　］病院に収容する。［　］

② 山頂の［　］神社に早朝から参拝する。［　］

③ 世界には多くの［　］宗教が存在する。［　］

④ 天守閣の［　］急な階段を上る。［　］

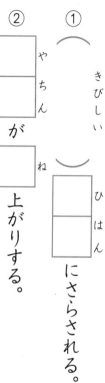

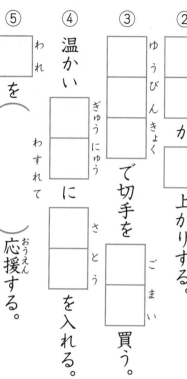

2 次の漢字を書きましょう。

① （きびしい）（ひはん）にさらされる。

② （やちん）が（ね）上がりする。

③ （ゆうびんきょく）で切手を（ごまい）買う。

④ 温かい（ぎゅうにゅう）に（さとう）を入れる。

⑤ （われ）を（わすれて）応援（おうえん）する。

答えは96ページ

LESSON 86

仕上げテスト④

正解18問中 問 合格15問
月 日

1 次の――線の読み方を書きましょう。

① 映画［　　］の 美しい 場面［　　］を 宣伝［　　］に 使う。

② 江戸（えど）幕府［　　］の 将軍［　　］の 名を 覚える。

③ 株主［　　］に あたえられた 権利［　　］を 主張する。

④ 女王陛下［　　］に 心からの 忠誠［　　］を ちかう。

2 次の漢字を書きましょう。

① 幸せの □□（しゃくど）は人によって □（こと）なる。

② （　　）（きざんだ）野菜を皿に（　　）（もる）。

③ □□（しぼう）の知らせに耳を（　　）（うたがう）。

④ 新しい □□（せいとう）が □□（たんじょう）する。

⑤ □□□（しょうがいぶつ）を取り（　　）（のぞく）。

仕上げテスト⑤

正解 18問中 問 合格15問 月 日

1 次の――線の読み方を書きましょう。

① 少数派［　　］の意見も尊重［　　］する。

② 経済［　　］が急速に発展［　　］する。

③ 私財［　　］を投じて学校を創設［　　］する。

④ 父は証券会社［　　］に勤務［　　］している。

2 次の漢字を書きましょう。

① （あらった）ハンカチを（ほす）。

② □□（ごかい）して申し□（わけ）ない。

③ 学会で□□（ろんぶん）が（みとめられる）。

④ この□□（くちべに）は売れ□（すじ）の商品だ。

⑤ □□（さくばん）は□□（ずつう）になやまされた。

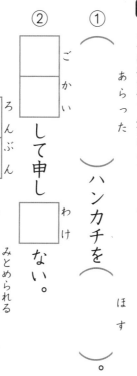

答えは96ページ

仕上げテスト ⑥

正解 18問中 ／ 問 合格15問

月 日

1 次の——線の読み方を書きましょう。

① 蚕［　　］の　まゆから　絹糸［　　］を　つむぐ。

② 地球温暖化［　　］に　ついて　対策［　　］を　練る。

③ 作詞［　　］の　才能を　発揮［　　］する。

④ 困難［　　］や、　あらゆる　危険［　　］を　乗りこえる。

2 次の漢字を書きましょう。

① 伝説の□□（ひほう）を（　　）（さがす）。

② □（たまご）を（　　）（わって）かき混ぜる。

③ 教室の□（まど）を（　　）（しめる）。

④ □□（うらにわ）にシャベルで□（あな）をほる。

⑤ □□（しきゅう）、荷物を（　　）（とどけて）ください。

2 ②の「たまご」は，形に気をつけて書こう。

①

1 ①しゅうがく・しんかんせん ②あつで・もうふ ③ぎじゅつ・さいよう ④ほうふ・ちしき

2 ①団体・規則 ②教師・志して ③迷う・夢 ④資料・準備 ⑤祝賀・務める

ポイント **2**④「準」は「準」とならないように、形に気をつけて書きましょう。

②

1 ①こくさいてき・じょうやく ②そふ・ざいさん ③ぼうさい・しどうしゃ ④ぼうえき・けいえい

2 ①応用・解く ②観測・報告 ③大勢・群がる ④感謝・寄せられる ⑤一時限・道徳

③

1 ①ひょうばん・せいひん ②せいりょくてき・せいじか ③じゅぎょうちゅう・しつもん ④しゅっぱんしゃ・へんしゅうしゃ

2 ①複雑・心境 ②再び・演じる ③農耕・適 ④校舎・改築 ⑤順序・述べる

ポイント **2**⑤「述」は、五画目の「、」を忘(わす)れないようにしましょう。

④

1 ①けっぱく・しょうめい ②だいとうりょう・ごえい ③ひじょう・こうりつ ④ていあん・さんせい

2 ①燃える・酸素 ②久しぶり・旧友(級友) ③事故・原因 ④平均点・比べる ⑤桜・枝

⑤

1 ①ほいくし・しかく ②かこ・つみ ③ゆしゅつりょう・げんしょう ④ぎゃくてん・かいしょう

2 ①責任・飼おう ②妻・似て ③基地・往復 ④興味・示す ⑤仏像・表情

⑥

1 ①ぶし・しはい ②じつげん・かのうせい ③ぼうふうう・せっきん ④こうぎ・ないよう

2 ①新居・構える ②在庫・確かめる ③眼科・検査 ④横断・設ける ⑤事件・犯人

⑦

①あやま ②ごじ ③かし ④さくしか ⑤にっし ⑥ざっし ⑦しょもんだい ⑧しょこく ⑨せい ⑩せいい ⑪たんじょうび ⑫せいたん

⑧

①誤解 ②諸島 ③週刊誌 ④誤る ⑤誠心誠意 ⑥誕生日 ⑦誤り ⑧諸君 ⑨作詞 ⑩情報誌 ⑪誕生 ⑫誤差 ⑬詞 ⑭誠実

⑨

①ついとう ②けんとう ③みと ④みと ⑤たず ⑥ほうもん

⑦わけ　⑧つうやく　⑨ろんぶん
⑩こうろん　⑪こと　⑫いじょう

⑩
①異　②訪日　③討論　④内訳
⑤訪ねる　⑥論理的　⑦討議会
⑧英訳　⑨歴訪　⑩結論　⑪訳
⑫異国　⑬認める　⑭訳

⑪
①わかもの　②わか　③じょうはつ　④じょうき　⑤どぞう　⑥ぞうしょ　⑦めいちょ　⑧ちょしょ
⑨せいざ　⑩ざせき　⑪けんちょう　⑫ぶんかちょう

⑫
①座談会　②若葉　③貯蔵　④著名　⑤庁舎　⑥若い　⑦蒸気
⑧著者　⑨座　⑩冷蔵庫　⑪若木
⑫気象庁　⑬蒸留水　⑭座高

ポイント　⑦⑬「蒸」の**真ん中の部分**を「水」としないように気をつけましょう。

⑬
①かんりゃく　②しょかん　③すじみち　④きんりょく　⑤さくりゃく　⑥せいさく　⑦こうざい
⑧こうてつ　⑨はり　⑩ほうしん
⑪せん　⑫こせん

⑭
①秒針　②筋肉　③対策　④簡潔
⑤製鋼　⑥金銭　⑦筋　⑧検針
⑨簡単　⑩策　⑪針　⑫銭湯
⑬散策　⑭鉄鋼

⑮
①きぬいと　②きぬ　③くちべに
④こうはく　⑤たて　⑥じゅうおう(たてよこ)　⑦ちぢ　⑧しゅくしょう　⑨ふじゅんぶつ　⑩たんじゅん　⑪おさ　⑫のうき

ポイント　⑦は「ちじ」ではありません。

⑯
①純情　②縦線　③納品　④紅葉
⑤絹織物　⑥短縮　⑦縦断　⑧納める　⑨紅茶　⑩縮図　⑪絹
⑫純金　⑬縮む　⑭紅色

⑰
1 ①かんたん・きんりょく
②ちょめい・たんじょうび
③ほうしん・けんとう　④せんとう・すいじょうき
2 ①若者・訪ねて　②誤り・認める　③諸国・縦断　④歌詞・訳
⑤地蔵・異

⑱
1 ①じゅんしん・せいじつ　②たんじょう・かくさく　③たて・しゅくしょう　④しょもんだい・ぎろん
2 ①鋼材・納める　②著者・雑誌
③県庁・来訪　④絹地・紅色
⑤若い・座席

⑲
①そな　②きょうきゅう　③きず
④かんしょうてき　⑤じんとく
⑥じんじゅつ　⑦たかね　⑧すうち　⑨はい　⑩はいじん　⑪たわら　⑫いっぴょう

⑳
①土俵　②仁義　③値　④傷
⑤傷害　⑥供える　⑦価値観
⑧俳人　⑨供述　⑩米俵　⑪負傷
⑫仁愛　⑬供　⑭俳句

㉑
①せいゆう　②ゆうしょう　③したが　④じゅうじ　⑤ほうりつ
⑥きりつ　⑦うつ　⑧えいが

⑨あたた ⑩かんだん ⑪ばん
⑫ばんねん

ポイント ⑦「映す」は、「文字を書き写す」と使い分けましょう。⑫「晩年」は、年をとってからの時期のことです。

㉒ ①優位 ②従う ③朝晩 ④法律家 ⑤優先席 ⑥映る ⑦従順 ⑧優勢 ⑨暖かい ⑩昨晩 ⑪従業員 ⑫調律 ⑬映像 ⑭暖冬

㉓ ①うじちゃ ②うちゅうせん ③しゅうきょう ④かいしゅう ⑤せんげん ⑥せんこく ⑦たく ⑧きたく ⑨ちゅうがえ ⑩ちゅう ⑪たから ⑫ほうせき

㉔ ①宝箱 ②宅配便 ③宇宙 ④宗 ⑤宣伝 ⑥国宝 ⑦住宅 ⑧宙 ⑨宝 ⑩宣教師 ⑪宗教画 ⑫自宅 ⑬宣戦 ⑭宝庫

㉕ ①せいみつ ②みつど ③い ④はんしゃ ⑤しょうらい ⑥しゅしょう ⑦すんだん ⑧げんすんだい ⑨せんねん ⑩せんゆう ⑪とうと(たっと) ⑫そんだい

㉖ ①専門家 ②寸前 ③射る ④武将 ⑤尊重 ⑥寸法 ⑦親密 ⑧注射 ⑨尊ぶ ⑩専用 ⑪総大将 ⑫綿密 ⑬発射 ⑭尊い

ポイント ①「専門」の「専」は右上に**点をつけません**。また、「門」を「問」としないよう注意しましょう。

㉗ ①しゃくはち ②じゃく ③そう ④じょうそうぶ ⑤てんじ ⑥てんかい ⑦とど ⑧とど ⑨うやま ⑩けいえん ⑪てきい ⑫てきたい

㉘ ①尊敬 ②強敵 ③縮尺 ④高層 ⑤届く ⑥発展 ⑦敵 ⑧地層 ⑨敬老 ⑩尺度 ⑪展望台 ⑫敬う ⑬届ける ⑭大敵

㉙ **1** ①えいが・かち ②じんぎ ③しゅうきょう・せんもん ④じゅうたく・みっしゅう

2 ①将来・宇宙 ②宝・尊ぶ ③射られて・傷 ④供・従えて・俳句 ⑤今晩・暖かい

㉚ **1** ①たくはい・きょうきゅう ②じゅうぎょういん・きりつ ③ゆうしょう・せんげん ④こくほう・てんじ

2 ①敵地・寸前 ②米俵・届く ③尺・採寸 ④優等生・尊敬 ⑤自宅・高層階

㉛ ①そ ②えんどう ③はげ ④きゅうげき ⑤みなもと ⑥しげん ⑦す ⑧きゅうさい ⑨あら ⑩せんれん ⑪しおかぜ ⑫こうちょう

㉜ ①電源 ②潮 ③感激 ④洗われる ⑤済む ⑥源 ⑦洗面台 ⑧沿線 ⑨風潮 ⑩激しい ⑪起源 ⑫沿う ⑬洗う ⑭経済力

ポイント ⑧⑫「沿」の**右の部分**を「合」としないように、形に気をつけて覚えましょう。

㉝ ①りっぱ ②とくはいん ③おんし ④しゃおんかい ⑤けんぽう

⑥けんしょう ⑦ちゅうじつ ⑧ちゅうけん ⑨わす ⑩わす ⑪ぼう ⑫ぼう

34 ①流派 ②憲法 ③忘れ ④忠告 ⑤恩人 ⑥亡命 ⑦忠義 ⑧忘れる ⑨派出所 ⑩恩 ⑪立憲 ⑫忠誠 ⑬死亡 ⑭派手

35 ①かくせいき ②かくさん ③きはつせい ④しきしゃ ⑤す ⑥しゅしゃ ⑦すいり ⑧すいい ⑨そうじゅう ⑩せっそう ⑪ぶんたん ⑫たんにん

ポイント ③「揮発性」とは、液体が常温で気体になって発散する性質のことです。

36 ①捨てる ②発揮 ③体操 ④拡大 ⑤負担 ⑥捨て ⑦推定 ⑧推進 ⑨指揮 ⑩操作 ⑪拡張 ⑫担当 ⑬四捨 ⑭推測

37 ①さが ②たんきゅう ③おが ④さんぱい ⑤ひはんてき ⑥ひ ⑦でんしょう ⑧しょうふく ⑨かんばん ⑩かんご ⑪した ⑫したう

ポイント ⑥「批准(ひじゅん)」とは、条約を確認(かくにん)して同意することです。

38 ①探訪 ②舌先三寸 ③看護師 ④拝む ⑤承知 ⑥批評 ⑦拝見 ⑧探検家(探険家) ⑨看病 ⑩舌 ⑪探す ⑫承 ⑬批判 ⑭看守

39 ①お ②ふ ③いこう ④のぞ ⑤じょや ⑥しょうじ ⑦しょうがい ⑧へいか ⑨おさな ⑩ようじ ⑪てんのう ⑫こうきょ

40 ①幼 ②陛下 ③降る ④故障 ⑤皇室 ⑥幼虫 ⑦除く ⑧降参 ⑨陛下 ⑩保障 ⑪幼い ⑫皇太子 ⑬除雪 ⑭降りる

ポイント ⑩「保障」は「守ること」、同じ読みの「保証」は「うけ負うこと」、「補償」は「つぐなうこと」という意味です。

41 **1** ①ふたは(には)・げきろん ②かくさん・ちゅうこく ③かんご・しぼう ④けんぽう・たんとう
2 ①幼い・皇太子 ②潮・探す ③体操服・洗う ④恩師・忘れない ⑤沿道・拝む

42 **1** ①へいか・はいけん ②はんたいは・かんぱ ③ようじ・した ④ひはん・しょうち
2 ①除草・済ませる ②故障・降ろされた ③指揮者・激しい ④源流・沿い ⑤推定・捨てられる

ポイント **1** ②「看破」は「見破ること」という意味です。

43 ①かぶ ②かぶしきがいしゃ ③つくえ ④つくえ ⑤けんり ⑥じっけん ⑦じゅもく ⑧じゅりつ ⑨てつぼう ⑩ぼうよ ⑪まいすう ⑫まいきょ

ポイント ⑫「枚挙にいとまがない」は、数えていくことができないほど数の多いことです。

44 ①選挙権 ②株主 ③五枚 ④棒 ⑤机 ⑥樹氷 ⑦古株 ⑧権力 ⑨金棒 ⑩大枚 ⑪学習机 ⑫果樹園 ⑬人権 ⑭棒

ポイント ⑩「大枚」は「大金」という意味です。

45 ①もよう ②だいきぼ ③こくるい ④ざっこく ⑤わたし(わたくし) ⑥しよう ⑦ひみつ ⑧ひさく ⑨きちょうひん ⑩きぞく ⑪やちん ⑫てまちん

46 ①穀物 ②規模 ③賃金 ④秘伝 ⑤模写 ⑥貴金属 ⑦穀倉 ⑧私 ⑨秘書室 ⑩運賃 ⑪模型 ⑫私情 ⑬高貴 ⑭秘境

ポイント ③⑩「賃」は、形の似ている「貸」や「資」などと間違(まちが)えないように気をつけましょう。⑤「模写」は、「まねして(模して)かき写すこと」という意味です。

47 ①むね ②どきょう ③しんぞう ④ないぞう ⑤ちょう ⑥だんちょう ⑦しゅのう ⑧のうは ⑨はい ⑩はいかつりょう ⑪はら ⑫ちゅうふく

48 ①頭脳 ②空腹 ③腸 ④胸 ⑤腹 ⑥内臓 ⑦肺 ⑧脳 ⑨胸囲 ⑩大腸 ⑪臓器 ⑫肺 ⑬腹筋 ⑭大脳

ポイント ②「腹」と形の似ている「復」や「複」とは、「空腹」「腹痛」、「復習」「往復」、「複雑」「重複」などのように使い分けます。

49 ①い ②いえき ③せ ④はいご ⑤す ⑥きゅうにゅう ⑦よ ⑧てんこ ⑨いた ⑩つうかい ⑪ほねみ ⑫てっこつ

50 ①胃薬 ②深呼吸 ③骨 ④頭痛 ⑤吸う ⑥胃腸 ⑦連呼 ⑧痛い ⑨背 ⑩骨折 ⑪吸引力 ⑫呼ぶ ⑬痛感 ⑭背景

ポイント ⑧⑬の「痛」の部首は「疒」(やまいだれ)です。

51 ①つと ②きんべん ③けん ④じょうしゃけん ⑤わ ⑥わりあい ⑦えんげきぶ ⑧げきてき ⑨きざ ⑩ていこく ⑪そうさく ⑫どくそうてき

52 ①役割 ②時刻表 ③勤める ④創刊 ⑤時代劇 ⑥刻む ⑦創立 ⑧証券 ⑨深刻 ⑩割れる ⑪勤労 ⑫悲劇 ⑬入場券 ⑭三割

ポイント ⑥⑨「刻」は、**左の部分**の形に気をつけて書きましょう。

53

1 ①しゅのう・つくえ ②こくもつ・いちょう ③そうぎょうしゃ・じっけん ④ないぞう・もけい

2 ①肺・呼吸 ②喜劇・腹 ③刻んで・背 ④株式・勤める ⑤私・秘書

54

1 ①つうきん・ぼう ②いっこく・しんぞう ③ひみつきち・きちょうひん ④じょうしゃけん・にまい

2 ①運賃・割引 ②大樹・株 ③劇場・創立 ④腹痛・呼ぶ ⑤吸って・胸

55 ①たまご ②なまたまご ③まじょうかん ④じょうかん ⑤あぶ ⑥きき ⑦きび ⑧げんじゅう ⑨われ ⑩われ ⑪かいこ ⑫ようさん

56 ①危害 ②巻末 ③厳禁 ④卵 ⑤巻く ⑥蚕 ⑦我 ⑧危ない ⑨厳しい ⑩養蚕 ⑪危険 ⑫我 ⑬卵 ⑭厳格

57 ①ないかく ②ぶっかく ③と ④へいかいしき ⑤はい ⑥かざんばい ⑦じゅく ⑧みじゅく ⑨むずか ⑩ひなん ⑪いずみ ⑫げんせん

58 ①閉じる ②天守閣 ③灰色 ④災難 ⑤難しい ⑥熟語 ⑦泉 ⑧密閉 ⑨閣議 ⑩灰皿 ⑪難問 ⑫閉まる ⑬熟練 ⑭温泉

59 ①さば ②ちゅうさい ③ふくそう ④そうち ⑤うら ⑥うらぎ ⑦おぎな ⑧ほきゅう ⑨けいほう ⑩けいこく ⑪しょめい ⑫しょちょう

60 ①立候補 ②裏門 ③裁断 ④装備 ⑤裏表 ⑥補う ⑦仮装 ⑧消防署 ⑨警察 ⑩裁く ⑪部署 ⑫補強 ⑬裁判所 ⑭警備

61 ①ちち ②にゅうじ ③みだ ④こんらん ⑤も ⑥やまも ⑦かめい ⑧めいしゅ ⑨よくちょう(よくあさ) ⑩よくじつ ⑪しんせい ⑫せいぼ

62 ①乱暴 ②乳液 ③目盛り ④同盟 ⑤翌年 ⑥乱す ⑦聖書 ⑧乳 ⑨連盟 ⑩盛る ⑪戦乱 ⑫翌週 ⑬乳製品 ⑭聖火

63 ①えんそう ②そう ③ふる ④ふんぱつ ⑤しりょく ⑥しかい ⑦かんらんしゃ ⑧びんらん ⑨まく ⑩ばくまつ ⑪く ⑫く

64 ①幕 ②暮らし ③展覧会 ④奮う ⑤奏者 ⑥字幕 ⑦暮れる ⑧重視 ⑨幕府 ⑩一覧表 ⑪視線 ⑫独奏 ⑬回覧 ⑭興奮

65 ①おやこうこう ②こうよう ③ほぞん ④そんぞく ⑤こきょう ⑥きょうど ⑦ゆうびんきょく ⑧ゆうそう ⑨いた ⑩しきゅう ⑪だんらく ⑫ねだん

ポイント ②「孝養」は、「親に孝行して大事に養うこと」という意味です。

66 ①存分 ②至難 ③階段 ④帰郷 ⑤至る ⑥親不孝 ⑦郵便 ⑧異存 ⑨理想郷 ⑩手段 ⑪孝行 ⑫至福 ⑬存在 ⑭郵送

ポイント ④⑨「郷」は十一画の漢字です。

67 **1** ①ほうそうし・らんぼう ②しょうぼうしょ・まく ③せいしょ・ほしゅう ④れんめい・せいさい

2 ①我・興奮 ②卵・半熟 ③裏道・危険 ④乳児・巻く ⑤養蚕業・難しい

68

1 ①かざんばい・しかい ②かくぎ・よくじつ ③へいかいしき・えんそう ④てんらんかい・ほぞん

2 ①厳重・警備 ②暮れる・泉 ③郷里・郵送 ④至る・段差 ⑤親孝行・盛り上がる

69

①いでん ②いしつぶつ ③しりぞ ④たいしゅつ ⑤しょり ⑥たいしょ ⑦の ⑧えんき ⑨あな ⑩あな ⑪まど ⑫しゃそう

70

①延びる ②処分 ③遺産 ④退く ⑤穴 ⑥窓辺 ⑦処置 ⑧延長戦 ⑨退治 ⑩穴 ⑪延べ ⑫遺書 ⑬同窓会 ⑭退ける

ポイント ④⑨⑭「退」の「**艮**」の部分は、「良」ではありません。

71

①いただ ②ちょうてん ③あず ④よきん ⑤しゅうしょく ⑥しゅうにん ⑦じこ ⑧りこ ⑨ほ ⑩かんがい ⑪すがた ⑫ようし

ポイント ⑧「利己」とは、「自己の利益だけを考えること」という意味です。

72

①干満 ②登頂 ③就職 ④預かる ⑤姿勢 ⑥頂く ⑦預金 ⑧自己 ⑨干す ⑩就業 ⑪頂 ⑫預ける ⑬姿 ⑭利己的

73

①こうごう ②こうたいごう ③よ ④ぜんあく ⑤ひけつ ⑥あんぴ ⑦かけい ⑧たいけいてき ⑨なら ⑩なみきみち ⑪せいとう ⑫とうは

74

①並びに ②善い ③系列 ④否定的 ⑤悪党 ⑥皇后 ⑦太陽系 ⑧並べる ⑨賛否 ⑩親善 ⑪桜並木 ⑫系統 ⑬改善 ⑭徒党

75

①すな ②さ ③じしゃく ④じき ⑤さとう ⑥せいとう ⑦ろうほう ⑧ろうろう ⑨そ ⑩そ ⑪よくぼう ⑫よくば

76

①砂場 ②糖分 ③磁針 ④欲求 ⑤食欲 ⑥染まる ⑦明朗 ⑧砂時計 ⑨砂糖 ⑩磁力 ⑪染める ⑫意欲 ⑬朗読 ⑭砂金

77

①さんさつ ②さっし ③おさ ④きゅうしゅう ⑤こま ⑥こんく ⑦ひかく ⑧かくしんてき ⑨た ⑩すい ⑪いき ⑫りゅういき

78

①困難 ②収める ③垂れる ④数冊 ⑤革命 ⑥垂直 ⑦収集 ⑧区域 ⑨別冊 ⑩垂らす ⑪領域 ⑫収まる ⑬困る ⑭改革

79

①かたみち ②かたとき ③かたおも ④はん ⑤はんちょう ⑥うたが ⑦ぎねん ⑧ようぎしゃ ⑨ぐんしゅう ⑩みんしゅう ⑪りんき ⑫りんせき

80

①片手 ②疑問 ③班 ④臨海 ⑤衆議院 ⑥片側 ⑦疑う ⑧観衆 ⑨臨時 ⑩一班 ⑪片言 ⑫質疑 ⑬大衆的 ⑭君臨

81

1 ①いしつぶつ・しょぶん ②さてつ・じしゃく ③すうじっさつ（すうじゅっさつ）・しゅうのう ④さんちょう・りんじ

2 ①姿・就職 ②引退・延ばす ③体系・改善 ④窓辺・並べる ⑤糖度・干し

82

1 ①ようぎ・ひてい ②こうごう・めいろう ③せいとう・へんかく ④じこ・よきん

2 ①垂れ・染める ②観衆・頂く ③班・地域 ④片方・穴 ⑤食欲・困る

83

1 ①しんみつ・どうめい ②しょこく・しさつ ③りゅういき・こくもつ ④かけいず・まきもの

2 ①警官・呼ぶ ②名著・朗読 ③激しい・降る ④胸・吸う ⑤幼い・背中

ポイント **2** ④「胸」は、**右側の中の部分**を、「区」や「匕」などとしないように気をつけて書きましょう。

84

1 ①りこてき・はら ②けんちょう・えんかく ③うちゅうせん・そうじゅう ④けいろう・おんせん

2 ①放射状・延びる ②故郷・暮らす ③法律・専門 ④雑誌・並べる ⑤一寸・劇

85

1 ①ふしょうしゃ・しゅうよう ②さんちょう・さんぱい ③しゅうきょう・そんざい ④てんしゅかく・かいだん

2 ①厳しい・批判 ②家賃・値 ③郵便局・五枚 ④牛乳・砂糖 ⑤我・忘れて

86

1 ①えいが・せんでん ②ばくふ・しょうぐん ③かぶぬし・けんり ④へいか・ちゅうせい

2 ①尺度・異 ②刻んだ・盛る ③死亡・疑う ④政党・誕生 ⑤障害物・除く

ポイント **2** ④「誕」の「正」を「壬」、「廴」を「辶」としないように気をつけて書きましょう。

87

1 ①しょうすうは・そんちょう ②けいざい・はってん ③しざい・そうせつ ④しょうけん・きんむ

2 ①洗った・干す ②誤解・訳 ③論文・認められる ④口紅・筋 ⑤昨晩・頭痛

88

1 ①かいこ・きぬいと ②おんだんか・たいさく ③さくし・はっき ④こんなん・きけん

2 ①秘宝・探す ②卵・割って ③窓・閉める ④裏庭・穴 ⑤至急・届けて